手書きでも ✏ デジタルでも 💻

まとめ・発表カンペキBOOK ①

新聞 で伝えよう

監修 鎌田和宏
（帝京大学教育学部初等教育学科教授）

はじめに

　学校などの学習の場では必ずある「まとめ」と「発表」。「調べたことをまとめるのが好き」「発表は得意だよ」という人はよいのですが、「どうやってまとめたら、よいのだろう？」「発表？　うまくできるか緊張しちゃうなぁ……」という人も多いはずです。

　でも、まとめることや発表することには、大切な役割があります。調べたり考えたりしたことは、作品にどうまとめて、発表しようか考えることによって、十分に調べられたのか、考えられたのかがわかります。「まとめ」や「発表」は自分の学習をふり返る、とても大切な作業なのです。

　そして、まとめたり発表したりすることによって、それを見た人・聞いた人が、質問や感想をくれるでしょう。それは新たな学びのきっかけになります。

　また、まとめ方と発表の仕方にはコツがあります。まとめ方や発表のコツを知れば、楽しく、上手にできるようになりますよ。

　学校で「新聞を書きましょう」と言われたことはありませんか？　「新聞って聞いたことはあるけれど、あまり読んだことないなぁ……」。そんな人も多いのではないでしょうか。

　新聞はとても便利なメディアです。私たちが知りたいことを、すばやく、簡単に、わかりやすく伝えてくれます。そのために、さまざまなくふうがされているのです。

　新聞の表現のくふうを学び、書いてみましょう。

　新聞づくりは、あなたに新たな学びをもたらしてくれるはずです。

帝京大学教育学部初等教育学科教授　**鎌田 和宏**

この本に登場するキャラクターたち

> ハナとジュンがまとめ方や発表の仕方にまよったとき、ツタワリンゴがポイントを教えてくれるよ。

ツタワリンゴ

読む人、聞く人にばっちり伝わるまとめ方や発表の仕方を教えてくれる、ふしぎなリンゴ。

小林ハナ

小学4年生。思いついたら、すぐ行動！　細かいことはちょっと苦手……。

小林ジュン

小学5年生。読書や絵をかくのが好き。でも、人前に出るのは苦手……。ハナの兄。

もくじ

新聞にまとめて伝えよう

いくつかの情報を伝えるときは、新聞にまとめるとわかりやすく伝えられます。
新聞の特徴を見てみましょう。

今度、社会科見学で浄水場に行くの！施設のくふうや、働く人の仕事とか、わかったことをみんなに伝えたいなあ。

伝えたいことがいくつもあるときは、わかりやすくまとめるのがむずかしいんだよなあ。

そういうときは、新聞にまとめるといいリンゴ！新聞は、たくさんの情報をわかりやすく伝えられるんだ。ふたりとも、新聞ってどんなものか知っているかな？

新聞のことを知ろう

新聞には、どんな特徴があるのでしょうか。記事には、どんな情報がのっているのでしょうか。

いくつもの情報を、見出しや図をつけてわかりやすく伝える新聞は、調べ学習のまとめに、まさにぴったりリンゴ！

新聞にはどんな特徴があるの？

もっとも重要な記事がいちばん上に書かれている

もっとも重要な記事はトップ記事といい、最初にのります。２番目のセカンド記事、３番目のサード記事がそれに続きます。

事実記事と意見記事がある

新聞の記事には、事実を正確に書いた事実記事と、書き手の意見を書いた意見記事があります。

図や写真が豊富にのっている

情報をわかりやすく伝えるため、図や写真などの資料が入れてあります。

新聞には、どんな情報がのっているの？

2022年10月8日付け　毎日新聞朝刊

❶ **新聞名**

❷ **発行日**　新聞を出した日。

❸ **発行所（人）**　新聞を出した会社（人）。

❹ **見出し**　記事の内容を短い言葉で表したもの。タイトル。

❺ **リード**　記事の内容を短くまとめた文章。大きな記事の本文の前に置かれる。

❻ **本文**　できごとについてのくわしい内容や解説。

❼ **写真・図**　記事の内容や状況をわかりやすく説明するための資料。

❽ **キャプション**　写真や図を説明する短い文。

❾ **コラム**　意見や季節の話題など、事実記事とははなれた内容を書いた文。

● **社説**　新聞社や書き手の意見・主張を書いた文。

● **編集後記**　書き手の感想を書いた文。

新聞記事は、どのように書かれているの？

５Ｗ１Ｈが書かれている

事実記事には、５Ｗ１Ｈとよばれる「だれが（**W**HO）、いつ（**W**HEN）、どこで（**W**HERE）、何を（**W**HAT）、どうして（**W**HY）、どのように（**H**OW）した」という情報が必ず書いてあります。

事実をわかりやすく正確に伝えるために大切な要素です。

初めに記事のポイント、説明はそのあと

それぞれの記事には、見出しや最初の文章にもっとも重要なことが書かれています。このつくりは「記事の逆三角形」とよばれます。新聞には記事がいくつものっているので、読者が記事の見出しと最初の文章を読むだけでも重要な情報を知ることができるよう、くふうされているのです。

記事の逆三角形

見出し
リード
本文

高
重要度
低

記事を最後まで読まなくても内容がわかるなんて、新聞って便利ね。

5

社会科見学の 学習新聞をつくろう

ひとりで

ハナが、浄水場見学でわかったことを学習新聞にまとめることにしました。
どうやって学習新聞にまとめるのでしょうか。いっしょに見てみましょう。

学習新聞をつくってみよう!

学習新聞は、授業で習ったことや社会科見学などで調べたこと、学校行事などについて、新聞の形にまとめたものです。

このうち、クラスや学校でのできごと、みんなの考えなどについてまとめた新聞は、学級新聞・学校新聞ともいいます。

どちらも、学校では、1まいの紙にまとめることが多いです。

学習新聞の例

絵や図も入っていて、読んでみたくなるね!

こんなふうに進めてみよう!

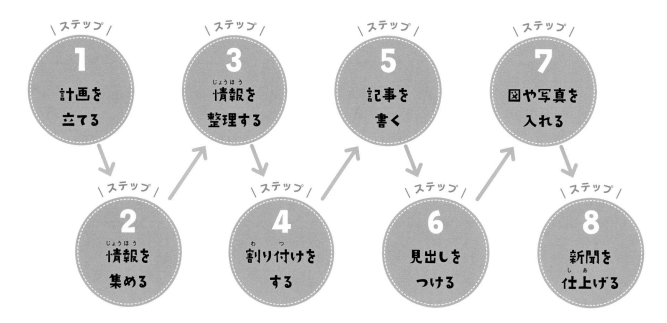

ステップ
1
計画を
立てる

ステップ
2
情報を
集める

ステップ
3
情報を
整理する

ステップ
4
割り付けを
する

ステップ
5
記事を
書く

ステップ
6
見出しを
つける

ステップ
7
図や写真を
入れる

ステップ
8
新聞を
仕上げる

計画を立てよう

浄水場へ見学に行く前に、調べたいことやその方法、新聞に入れる記事の数などを考えておきましょう。

何を、どうやって調べる？

調べたい内容を決めて、それに合わせて、図書館の本や、浄水場のパンフレット、浄水場の見学など、調べる方法を考えておきましょう。

だれに伝える？

わかったことを、だれに伝えたいかを決めましょう。その相手にわかるように、内容や、入れる写真・絵などを考えます。

記事をいくつつくる？

新聞の中で、いくつの記事にまとめるか考えましょう。ノート程度の大きさの紙1まいなら、ちょうどよい記事の数は3～4本です。

【 ハナがつくった計画メモ 】

(　新聞づくり　) の計画メモ

4 年 1組 小林ハナ

テーマ	水が きれいに なる ひみつ
調べること・調べる方法	○ 水は どうやって きれいに なるのだろう？ →図書館の本や じょう水場の ホームページを見る。 　パンフレットを もらう。 ○ じょう水場で 働く人は どんな ことに 気を つけて いるのだろう？ →インタビューを する。 ○ 水を使うとき、どんな くふうを すれば いいのだろう？ →図書館の本で 調べる。
伝える相手	クラス の みんな
記事の数	4 本 (社説を入れる)

浄水場のどんなところに興味があるかな？そこから、何を調べるかを考えていくといいよ。

気をつけて！失敗あるある

計画を立てないで手当たり次第に調べたら、新聞に記事をのせきれなくなっちゃった……。
最初に計画を立てることが大切なんだ。

この本の終わりにある計画メモのひながたを、先生にコピーしてもらって使いましょう。同じページにあるURLからは、パソコンやタブレットで使えるPDFデータのダウンロードもできます。

調べて情報を集めよう

調べ方はいろいろあります。立てた計画をもとに、実際に調べて情報を集めてみましょう。

❶ **本やインターネットで調べる**

図書館や資料館の本やインターネットで、浄水場について調べましょう。見学前に下調べしたり、見学後にさらに調べたりします。

❷ **浄水場に見学に行く**

調べたいことを中心に、浄水場の様子や働く人の仕事などを見てきましょう。施設の人にお願いして、写真をとったり、インタビューをしたりしましょう。

❸ **浄水場のパンフレットで調べる**

見学先にリーフレットやパンフレットなどがあれば、もらい、よく読みましょう。記事や図をつくるときの参考資料になります。

> 録音や撮影をするときは、必ず相手の許可をとってからにしよう。

気をつけて！失敗あるある

メモを取らないで見学したら、あとで新聞をつくるときに、必要な情報がわからなくなってしまった……。

見たこと、聞いたことは、その場でメモしておかなくちゃ！

> この本の終わりにある見学メモのひながたを、先生にコピーしてもらって使いましょう。同じページにあるURL からは、パソコンやタブレットで使えるPDF データのダウンロードもできます。

ハナがつくった見学メモ

日付けと見学した場所を書いておく。

✏ （　　じょう水場　　）の見学メモ

4 年 1 組 小林ハナ

月　日	6 月　　　6 日
場　所	春野 じょう水場
わかったこと	・高木さんの話 　じょう水場に休みはない 　交代しながら、毎日24時間水をつくっている ・働く人が気をつけていること 　安全でおいしい水をつくるために、気をぬくことはできない ・水道管のこと 　じょう水場と家は水道管でつながっている
資　料	ⓐり ・ なし （　パンフレット　）

ステップ 3 情報を整理しよう

調べてわかったことを整理しましょう。ここでは、情報整理カードに内容ごとに書き出して整理します。実際に記事にしたいカードには、印をつけていきましょう。それぞれの記事に入れる写真や、資料も選んでおくとよいでしょう。

ハナがつくった情報整理カード

書いたカードの枚数を書いておく。写真などにも同じ数を書いておくとわかりやすい。

ふせんに何の写真なのかを書いて、とった写真にはっておく。

情報整理カード

わかったこと 水がきれいになるまで

（ 1 ）まい目　　記事に （する）・しない

1　じょう水場の外がわ

内容	調べ方・資料
① ちんさ池で水中のすなやごみをしずめる。	・じょう水場のパンフレット3ページ
② 急速かくはん池で薬品を入れてかきまぜる。	
③ 薬品ちんでん池で薬でごみをかたまりにしてしずめる。	・じょう水場のホームページ https://haruno-jousuijou.xxx.xxxxx.jp/
④ 急速ろか器で残ったごみをとりのぞく。	
⑤ 塩そで消毒する。	

4年 1組 小林ハナ

調べた方法や使った資料を書いておく。

わかったことを、内容ごとに1まいずつカードに書いて、記事にするものとしないものに分けるリンゴ。

情報整理カード

わかったこと　水道管のこと

（ 4 ）まい目　　記事に する・（しない）

内容	調べ方・資料
・じょう水場から家庭までは、水道管でつながっている。	・高木さんの話

4年 1組 小林ハナ

この本の終わりにある情報整理カードのひながたを、先生にコピーしてもらって使いましょう。同じページにあるURLからは、パソコンやタブレットで使えるPDFデータのダウンロードもできます。

テーマに合わないから、4まい目のカードは記事にしないことにしよっと！

割り付けをしよう

割り付けとは、記事の大きさや入れる場所を決めることです。割り付け用紙に記事や見出し、写真を入れるところを鉛筆でうすく書きましょう。このとき書いた文字や線は、あとで実際に記事を書き入れるときに消します。

トップ記事とその見出しは、新聞名のそばに大きく入れると、目立つリンゴ！

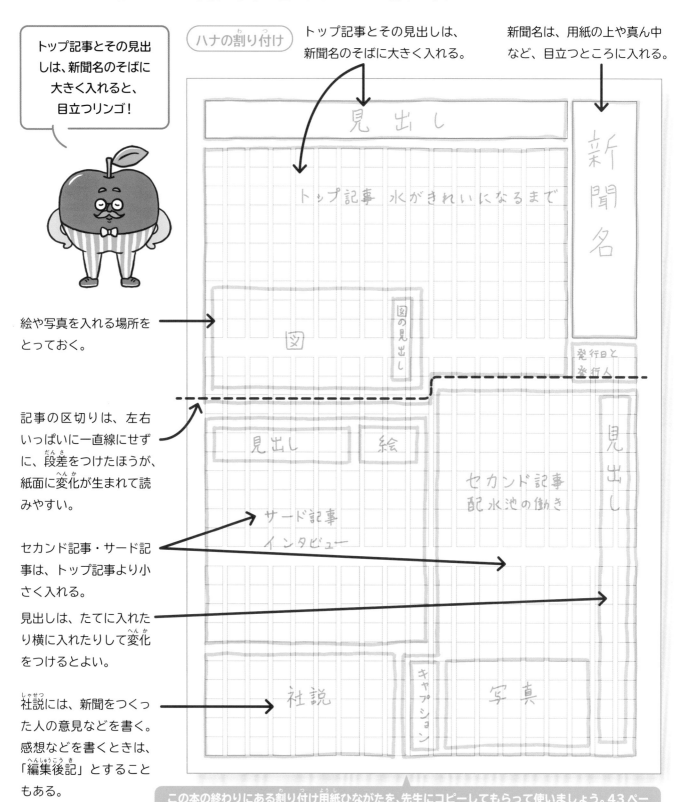

ハナの割り付け

トップ記事とその見出しは、新聞名のそばに大きく入れる。

新聞名は、用紙の上や真ん中など、目立つところに入れる。

見出し

トップ記事 水がきれいになるまで

新聞名

図

図の見出し

発行日と発行人

絵や写真を入れる場所をとっておく。

記事の区切りは、左右いっぱいに一直線にせずに、段差をつけたほうが、紙面に変化が生まれて読みやすい。

見出し

絵

見出し

セカンド記事
配水池の働き

セカンド記事・サード記事は、トップ記事より小さく入れる。

サード記事
インタビュー

見出しは、たてに入れたり横に入れたりして変化をつけるとよい。

社説には、新聞をつくった人の意見などを書く。感想などを書くときは、「編集後記」とすることもある。

社説

キャプション

写真

この本の終わりにある割り付け用紙ひながたを、先生にコピーしてもらって使いましょう。43 ページにある URL からは、パソコンやタブレットで使える PDF データのダウンロードもできます。

こんな 割り付け方もあるよ！

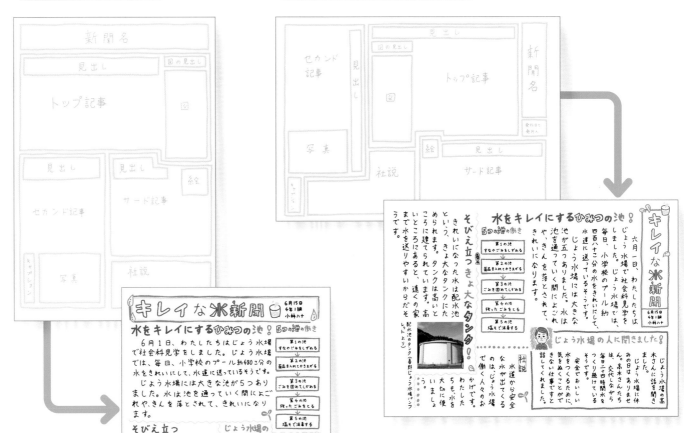

横書きの割り付けの例

用紙を横に使った割り付けの例

本物の新聞のまねをして、
割り付けを
考えようかな。

 ## 気をつけて！失敗あるある

見出しが
小さくなっ
ちゃった！

割り付けをしたとき、見出しを入れる場所をとらなかったから、小さくしか入れられなかった……。

見出しは大きく書かないと目立たないから、割り付けのときに場所を決めておかなくちゃ！

四年一組がドッジボール大会で三位!!

六月九日に校内ドッジボール大会がありました。わが四年一組は第三位になりました。春からみんなで練習した成果だと思います。みんなで大喜びでした。

ステップ 5

記事を書こう

新聞の割り付けをしたら、記事を書きます。割り付け用紙にうすく書いた文字を消して、文字数を確認しながら、記事の下書きをしましょう。

声に出して読むと、
読みにくいところに
気づけるリンゴ！

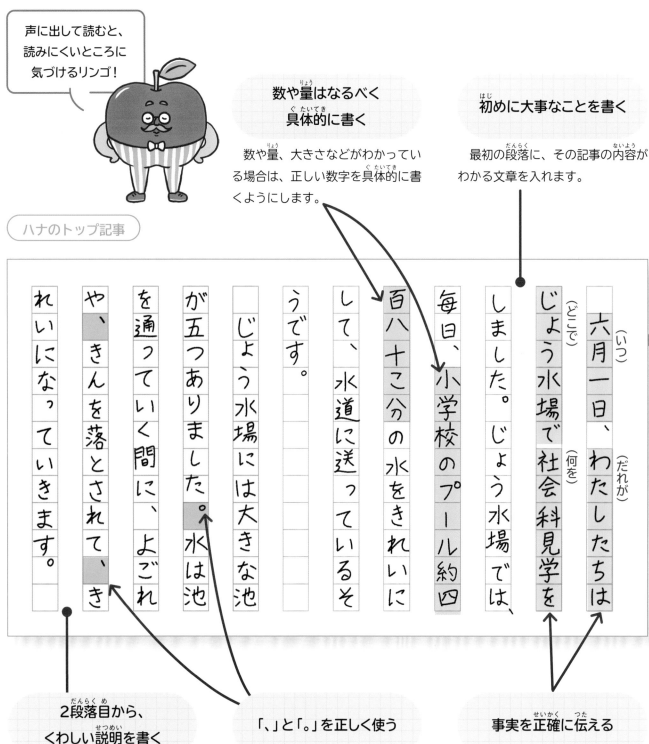

数や量はなるべく具体的に書く

数や量、大きさなどがわかっている場合は、正しい数字を具体的に書くようにします。

初めに大事なことを書く

最初の段落に、その記事の内容がわかる文章を入れます。

ハナのトップ記事

（いつ）（だれが）
　六月一日、わたしたちは
（どこで）（何を）
じょう水場で社会科見学を
しました。じょう水場では、
毎日、小学校のプール約四
百八十こ分の水をきれいに
して、水道に送っているそ
うです。
　じょう水場には大きな池
が五つありました。水は池
を通っていく間に、よごれ
や、きんを落とされて、き
れいになっていきます。

2段落目から、くわしい説明を書く

最初の段落に書いた内容を、そのあとの段落でよりくわしく説明していきます。

「、」と「。」を正しく使う

文が長いと読みづらいので、短めにします。意味がわかりやすいように、「、」も入れます。

事実を正確に伝える

5W1H（→5ページ）を正確に書きます。事実と意見はひとつの記事にまぜません。

ステップ 6 見出しをつけよう

次に、見出しを考えます。見出しは、記事の内容（ないよう）を短い文にまとめたものです。
見た人が記事を読みたくなるように、言葉の使い方やリズムをくふうしましょう。

ハナのトップ記事の見出しのアイデア

アイデア❶ 記事の内容（ないよう）をまとめた見出し

じょう水場できれいな水ができるまで

「どこで」「何が」「どうなる」を見出しに入れると、記事の内容（ないよう）が一目でわかります。

アイデア❷ 問いかけの形の見出し

水はどうやってきれいになるの？

読者に問いかけることで、記事を読んで答えを知りたいと思わせられます。

アイデア❸ 数字を入れた見出し

5つの池が水をきれいにする

具体的（ぐたいてき）な数字を入れると、印象的（いんしょうてき）な見出しになります。

名詞（めいし）で終わる見出しにしようかな！

アイデア❹ 名詞（めいし）で終わる見出し

水をきれいにするひみつの池

文の最後をものの名前（名詞（めいし））にすると、リズムのある見出しになります。

気をつけて！失敗（しっぱい）あるある

見出しがすごく長くなっちゃった……。見出しは 10 ～
20 字くらいでまとめられると、かっこいいよね。

× じょう水場の水は5つの池で
きれいになっていきます

クラスのみんなに
記事を読みたくさせる
おもしろい見出しを考
えるリンゴ！

図や写真を入れよう

文章だけで説明するとむずかしく感じることも、図や写真を使うとわかりやすく伝えられることがあります。割り付け用紙に図をかいたり、見学先でとった写真をはったりしてみましょう。

文章だけで説明した例

消毒します。

り、第五の池では塩そで

四の池で残ったごみをと

てしずめます。そして第

第三の池ではごみを固め

は薬品を入れてかきまぜ、

みをしずめ、第二の池で

第一の池ではすなやご

トップ記事の後半に
入れたい左の内容を、
下のように図にしてみたよ!

図にしたほうが
整理されていて、
わかりやすいリンゴ！

図で説明した例

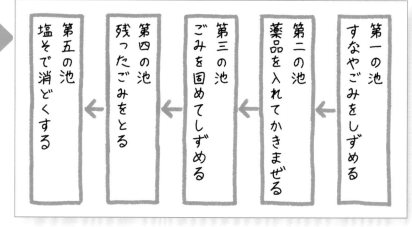

第一の池
すなやごみをしずめる

第二の池
薬品を入れてかきまぜる

第三の池
ごみを固めてしずめる

第四の池
残ったごみをとる

第五の池
塩そで消どくする

水が5つの池を通ることできれいになるしくみを、順番に書いてみると……。

新聞を仕上げよう

記事にまちがいがないかを確かめたら、ペンなどを使い読みやすい新聞に仕上げましょう。

校正をする

記事の文章や図、写真にまちがいがないかどうかを調べることを「校正」といいます。

メモや資料と情報が合っているか、文章がおかしくないか、漢字にまちがいがないかなどを確認しましょう。

清書やかざりつけをする

文章をペンなどで清書しましょう。とくに、新聞の名前や見出しの文字は大きく書いて目立たせましょう。

記事と記事の間に線を引いたり、記事を線で囲んだりすると、読みやすい新聞になります。

できあがり!

色を使いすぎると、見づらくなるから注意してね。字は、ていねいに大きく書くと、読みやすいリンゴ!

キレイな水新聞
6月15日 4年1組 小林八十...

水をキレイにするひみつの池!

六月一日、わたしたちは、じょう水場で社会科見学をしました。じょう水場では、高いところに建てられています。高いところにあると、遠くの家まで水を送りやすいからだそうです。

毎日、小学校のプール約四百八十こ分の水をきれいにして、水道に送っているそうです。

じょう水場には大きな池が五つありました。水は池を通っていく間に、よごれや、きんを落とされて、きれいになっていきます。

5つの池の働き

| 第一の池 すなやごみをしずめる |
| → 第二の池 薬品を入れてかきまぜる |
| → 第三の池 ごみを固めてしずめる |
| → 第四の池 残ったごみをとる |
| → 第五の池 塩をで消どくする |

そびえ立つきょ大なタンク!

きれいになった水は配水池という、きよ大なタンクにためられます。タンクは高いところに建てられていて

配水池のタンク(春野じょう水場パンフレットより)

じょう水場の人に聞きました!

じょう水場の高木さんに話を聞きました。

じょう水場に休みの日はありません。高木さんたちは、交代しながら毎日二十四時間水をつくり続けているそうです。

社説 水道から安全な水が出てくるのは、じょう水場で働く人々のおかげです。わたしたちも、水を大切に使いましょう。

クラスのみんなに伝わるように、浄水場できれいにしている水の量を、学校のプールの水の量であらわしてみたよ!

水色の文字のまわりに、コップの水やしずくをかいて、「キレイな水」の新聞らしさをアピールしてみたの。

浄水場の高木さんの絵をかいてみたよ! にているかな。

インタビュー記事は少し長くなったから、字を小さくして入れたよ。

できた!わたしの力作よ!

記事のわくや、さかいの線の色を変えてみたんだ。

写真に写っているのは何かがわかるように、短い説明(キャプション)を書いたよ。

歴史上の人物をイラスト いっぱいの新聞にまとめたよ！

テーマ「豊臣秀吉」／6年生／B4

みんながつくった、さまざまな
テーマの新聞を集めたよ！

わかりやすい新聞
名がいいね！色使
いもきれい。

楽しい図がたくさ
ん入っているから、
どんなことが書か
れているのか、読
みたくなるね。

見出しが問いかけ
の形になっている
から、答えを知り
たくて読みたくな
るよ。

豊臣秀吉の仕事と、
そのあとに起こっ
たことを、短い文
章でわかりやすく
説明しているね。

豊臣秀吉 天下統一のヒミツ

豊臣秀吉は、織田信長の死後、天下統一をなしとげました。秀吉は、どのような方法で天下統一をなしとげたのでしょうか。

豊臣秀吉は、織田信長を殺した明智光秀をたおし、朝廷から関白に命じられました。

その後、力の強かった四国や九州、関東、東北の大名や、一向宗など仏教の勢力の力をおさえ、織田信長との夢だった天下統一をなしとげたのです。

豊臣秀吉新聞

発行日
10月20日

発行者名

刀狩ってなんだろう？

百姓が反抗できないように、豊臣秀吉は刀狩令を出し、百姓たちから鉄砲や刀などの武器を取り上げました。とりあげた刀や鉄砲につかわれていた鉄は、仏像につかうようにして、農民自ら武器をさし出すようです。

検地の役割とは

天下統一をなしとげた豊臣秀吉は、検地を行いました。土地の広さた、土地畑のよさ、その土地でどれだけの作物がつくられるのかを調べました。それによって、収入をたしかなものにしました。

いるのはだれなのか、作った作物がつくられるのは

福祉の道具について、自分の体験をもとに新聞にまとめたよ！

テーマ「車いす体験」／５年生／B4

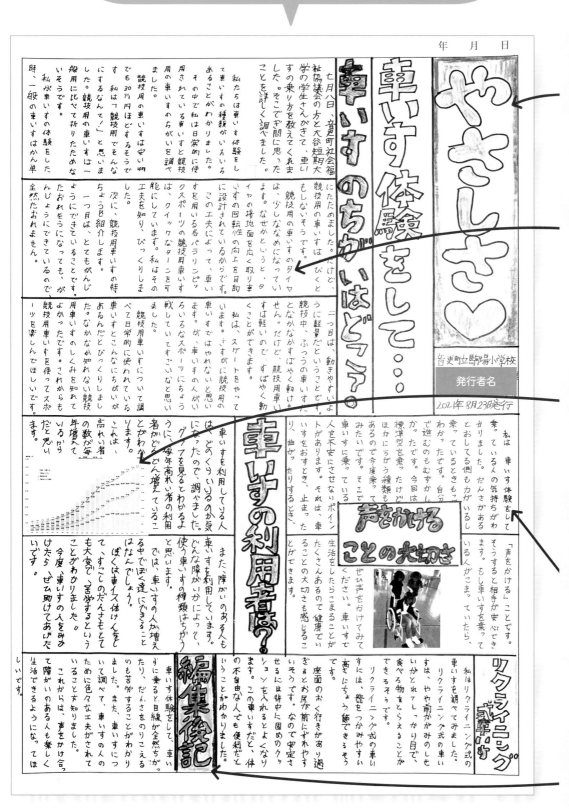

太くて大きな見出しが、目にとまるね！

トップ記事では、グループで車いすについて調べることにしたきっかけや、わかったことがくわしく説明してあるよ。

グラフが入っているので、車いすを利用している人がふえていることが一目でわかるね。

自分の体験をまじえて、読者に提案しているので、車いすに乗っている人を助けるときに声をかけることの大切さがしっかり伝わってくるね。

「編集後記」に、新聞をつくったあとの感想を書いているんだね。

定期的に発行している新聞なんだね！

体育発表会の練習の報告やクイズ、アンケートなど、いろいろな記事がのっているから、毎号読みたくなるよね。

それぞれの記事の最後には、書いた人の名前が書いてあるね。

新聞名や見出しのまわりの絵が、この新聞の楽しいふんいきをつくっているね。

毎号、「マイフレンド」のコーナーでクラスメートの好きなものを紹介しているんだね。クラスの「きずな」を深めるのにぴったりなアイデア！

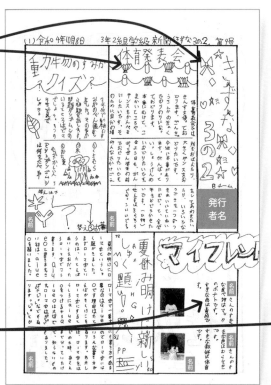

18

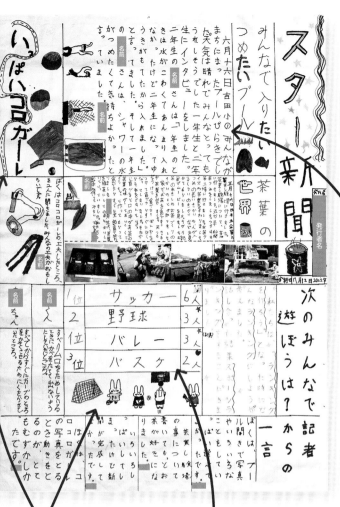

楽しかった授業やクラスの できごとをまとめたよ！

テーマ「クラスのできごと」（学級新聞）／
４年生／模造紙

プール開きの日の記事だよ。１年生と２年生へインタビューをしているね。みんなのうれしそうな様子がよく伝わってくるね。

「ひみつのとっくん」や「お茶ハカセ」など、見出しに使う言葉の選び方がとても上手だね！　どんな内容が書かれているのか、読みたくなるよ。

見出しをかざりつけたり、絵を入れたりして、楽しい新聞になっているね。

みんなが好きなスポーツについてアンケートをとっているよ。おもしろいね！　クラスのみんなのことを知ることができたね！

大事な言葉や伝えたいことは、文字の色を変えて強調しているよ！

写真がたくさん入っていて、楽しかった様子や、みんながんばったことがよくわかるね。

デジコラム パソコンやタブレットで学級新聞をつくろう

新聞をつくることができるアプリケーションはいくつかあります。ここでは、Google ドキュメントと Microsoft Word を使ったつくり方を紹介します。

Google ドキュメントを使ってみよう

Google ドキュメントは、オンラインで文章を書くためのアプリケーションです。横書きで文章を入れられます。

> パソコンやタブレットなら、写真や図を入れたり、文字を直したり、簡単にできるよ。

① 計画を立てて情報を集める

この本の 7 ～ 11 ページを参考に、どんな新聞をつくるかを考えて、情報を集めましょう。

デジヒント 集めたデータを整理しておこう！

パソコンやタブレット、デジカメなどでとった写真や、パソコンでかいた絵は、中身がわかるように名前をつけて保存しておきましょう。

マイドライブ ＞ 学級新聞 ▼

名前

- ヘチマの絵.jpg
- じょう水場の写真.jpg

② 新しいドキュメントをつくる

ドキュメントは、文章を書くためのファイルのことです。

Google ドキュメントのアプリケーションを立ち上げて「新しいドキュメント」のコーナーから「空白」を選ぶと、新しいドキュメントができます。「ファイル」→「ページ設定」から、ページの向きや用紙の大きさも確認しましょう。

「空白」を選ぶ。

ページ設定

③ 記事を書く

最初の1行を空けて、見出しや記事を書きましょう。

文字の大きさなどは、あとで整えるので、ここではまず記事の文章を書きこんでいきます。

最初の1行には、最後に新聞名を入れます。

6月15日　小林ハナ

ヘチマぐんぐん成長中！

　4年1組のヘチマが、ぐんぐんのびています。5月に種をまいてから、みんなで毎日水やりをしていました。天気が悪い日が多かったから、ちゃんと育つか心配していましたが、大きくなってとてもうれしいです。

　図かんで調べたら、ヘチマは7月に花をさかせるそうです。花がさいたあとは、実ができます。楽しみですね。これからもみんなで見守っていきましょう。

社会科見学楽しかったね！

　6月1日の社会科見学で、わたしたちはじょう水場を見てきました。

　水は、水道のじゃ口をひねると、かん単に出てくるものだと思っていました。でも、その水をつくるために、たくさんの人たちが働いていることがわかりました。水しつセンターで、つくった水が安全かどうかをとても細かく調べていることにもおどろきました。

最初の1行を空けておく。

記事と記事の間も1行空けておく。

④ 文字を整える

文字の形（フォント）や大きさ、色を変えて、見出しを大きく目立つようにしましょう。

●形などを変えたい文字の上をクリックしたままなぞると、文字のまわりに色がつきます。その状態のまま、画面の上で、文字の形や大きさ、色を選びます。

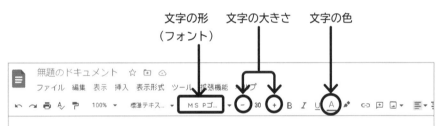

文字の形（フォント）　文字の大きさ　文字の色

だれにでも読みやすい文字の形や色を選ぶように注意するリンゴ！

無題のドキュメント

ファイル　編集　表示　挿入　表示形式　ツール　拡張機能　ヘルプ

100%　標準テキス...　MS Pゴ...　30　B I U A

文字を大きくしたところ →

6月15日　小林ハナ

ヘチマぐんぐん成長中！

　4年1組のヘチマが、ぐんぐんのびています。5月に種をまいてから、みんなで毎日水やりをしていました。天気が悪い日が多かったから、ちゃんと育つか心配していましたが、大きくなってとてもうれしいです。

　図かんで調べたら、ヘチマは7月に花をさかせるそうです。花がさいたあとは、実ができます。楽しみですね。これからもみんなで見守っていきましょう。

社会科見学楽しかったね！

　6月1日の社会科見学で、わたしたちはじょう水場を見てきました。

　水は、水道のじゃ口をひねると、かん単に出てくるものだと思っていました。でも、その水をつくるために、たくさんの人たちが働いていることがわかりました。水しつセンターで、つくった水が安全かどうかをとても細かく調べていることにもおどろきました。

あなたのオススメ教えてください！

絵や写真を入れる

次に、絵や写真を入れましょう。絵や写真は、大きさを変えたり、必要な部分だけを切りぬいたりすることもできます。

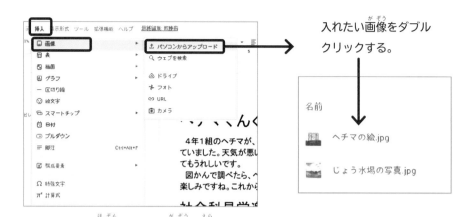

入れたい画像をダブルクリックする。

●パソコンに保存してある画像を選んで入れる

画面左上の「挿入」から、「画像」→「パソコンからアップロード」をクリック。そのあと、絵や写真を保存していた場所を選んで、使いたい画像をダブルクリックします。

画像の上でクリックしたまま動かすと、位置を変えられる。

左から2番目を選ぶと、絵や写真を文字と重ならないように入れられる。

●絵や写真の大きさを変える

絵や写真の上で一度クリックすると、外側に青い線があらわれます。角の四角をクリックしたままななめに動かすと、絵や写真を大きくしたり小さくしたりできます。

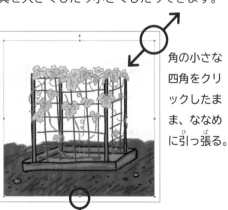

角の小さな四角をクリックしたまま、ななめに引っ張る。

上下左右の四角を動かすと、画像がのびてしまうので、注意する。

●絵や写真の必要な部分だけ切りぬく

絵や写真の上で一度右クリックして、「画像を切り抜く」をクリック。上下左右、四すみにあらわれた黒い線を動かすと、絵や写真の必要な部分だけ切りぬくことができます。

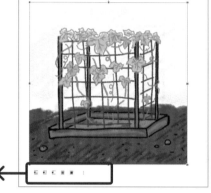

黒い線を動かすと、わくの大きさを変えられる。これで余分なところをカットする。

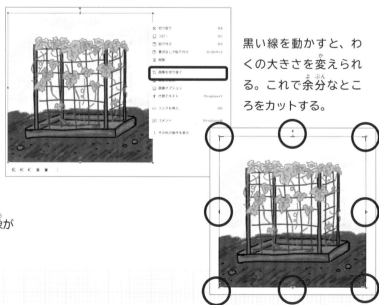

新聞名を入れる

21ページの❸で空けておいた1行目に、新聞名を入れましょう。新聞名は、新聞の中でいちばん目立つように大きくして、色もくふうします。

● 21ページの❹のやり方で、文字の形や大きさ、色を整えます。さらに、文字のまわりの色や位置も変えられます。

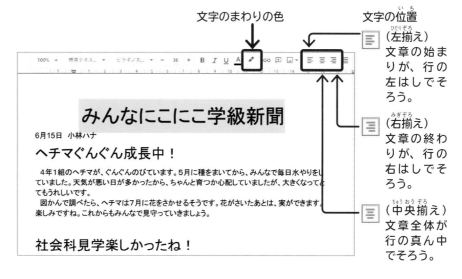

文字のまわりの色

文字の位置

（左揃え）文章の始まりが、行の左はしでそろう。

（右揃え）文章の終わりが、行の右はしでそろう。

（中央揃え）文章全体が行の真ん中でそろう。

> みんな、うまくできたかな？

でき あがり！

できあがったら、PDFデータにして共有したり、印刷したりして、みんなと見せ合いましょう。

画面左上のプリンターマークをクリックする。

PDFデータにするか、印刷するかを選べる。

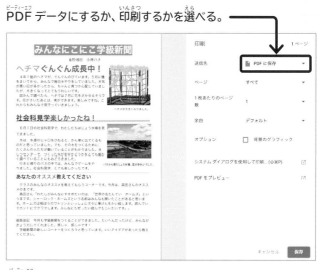

PDFデータは、パソコンやタブレットなどで使う文書の形式のひとつです。文字や絵、写真などが入ったデータを共有するときによく使われます。

Word を使ってみよう

Microsoft Word は、Google ドキュメントと同じ、文章を書くためのアプリケーションです。Word では、文章を横書きでもたて書きでも入れることができます。

1 計画を立てて情報を集める

この本の 7 ～ 11 ページを参考に、情報を集めて、割り付けを決めておきましょう。

2 新しい文書をつくる

文書は、文章を書くためのファイルのことです。

Word を立ち上げて「白紙の文書」を選ぶと、新しい文書ができます。

「レイアウト」の「サイズ」と「印刷の向き」で、紙の大きさや向きも確認しておきましょう。

「白紙の文書」を選ぶ。

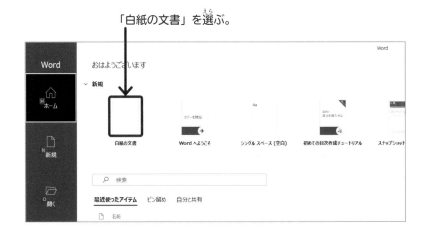

3 テキストボックスをつくる

テキストボックスは、文字を入力できるスペースのことです。割り付けに合わせてテキストボックスをつくりましょう。

画面の上の「挿入」から「図形」をクリックし、「縦書きのテキストボックス」を選びます。文章を入れたい場所をクリックして、そのままななめに動かすと、テキストボックスができます。

四すみの〇をクリックしたまま動かせば、テキストボックスの大きさを変えられます。

挿入　図形　横書きのテキストボックス（左）とたて書きのテキストボックス（右）

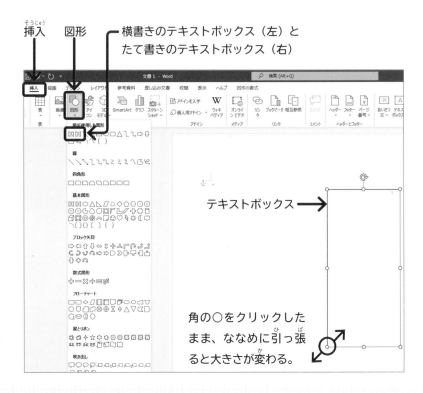

テキストボックス →

角の〇をクリックしたまま、ななめに引っ張ると大きさが変わる。

テンプレートを使ってみよう

ポプラ社ＨＰから、右のような、Word アプリを使った、新聞のテンプレート（ひながた）をダウンロードできます。文章や画像を入れかえて、新聞をつくってみましょう。

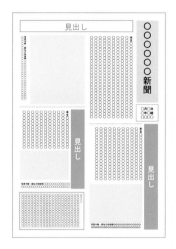

| 手書きでもデジタルでも　まとめ・発表カンペキBOOK | 🔍 |

で検索、もしくは

www.poplar.co.jp/book/search/result/archive/7236.00.html

から、ポプラ社ＨＰのこの本の紹介ページにアクセスしましょう。紹介ページの下部からテンプレートをダウンロードできます。

4

記事を書く

テキストボックスをクリックして、記事や見出しなどを書いていきましょう。文字の大きさなどはこのあと変えます。

5

文字を整える

形や大きさ、色などを変えたい文字の上を、クリックしたままなぞると、文字のまわりに色がつきます。その状態のまま、画面の上で、文字の形や大きさ、色を選びます。文字を選択したときにあらわれる「ミニツールバー」でも変えることができます。

ホーム　文字の形　文字の大きさ

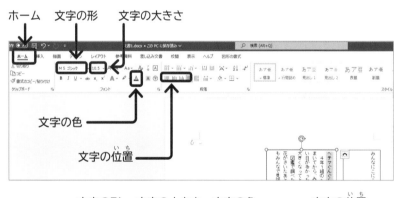

文字の色

文字の位置

文字の形　文字の大きさ　文字の色　文字の位置

ミニツールバー

●テキストボックスをクリックすると、画面の上に「図形の書式」があらわれます。そこからテキストボックスの中の色や、わくの色を変えることができます。

図形の書式

図形の塗りつぶし（上）：テキストボックスの中の色を選べる。
図形の枠線（下）：テキストボックスのわくの色を選べる。

⑥ 絵や写真を入れる

次に、絵や写真を入れましょう。絵や写真は、大きさを変えたり、必要な部分だけを切りぬいたりすることもできます。

●画像を選んで入れる

画面上の「挿入」から「画像」をクリック。「このデバイス…」を選ぶと、パソコンやタブレットに保存されている画像を選べます。使いたい画像をダブルクリックします。

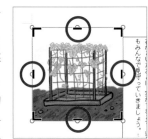

●大きさを変える

絵や写真の上で一度クリックすると、外側に線があらわれます。角にある○をクリックしたままななめに動かすと、絵や写真を大きくしたり小さくしたりできます。

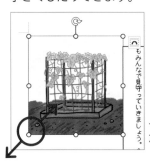

上下左右の○を動かすと、画像がのびてしまうので注意する。

●写真や絵を必要な部分だけ切りぬく

絵や写真の上で一度右クリックして、「トリミング」を選びます。上下左右、四すみの黒い線を動かすと、必要な部分だけ切りぬくことができます。

⑦ 線を引く

記事と記事の間に線を引きましょう。画面上の「挿入」タブから「図形」→「線」の順に選択します。

そのあと、線を引きたい場所をクリックしたまま横に引っ張ると、線を引くことができます。

図形

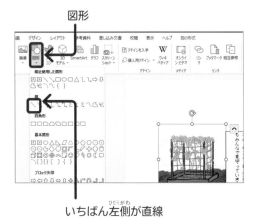

いちばん左側が直線

できあがったら、PDFデータにして共有したり、印刷したりして、みんなと見せ合いましょう。

授業でやったことや 楽しかったことを新聞にしたよ！

テーマ「クラスのできごと」（学級新聞）／４年生／A4

仲よし新聞

発行日 二〇二二年六月三日
発行者 発行者名

楽しい体育のとび箱
五月二十五日、四年一組のクラスの友達に「体育のとび箱」についてインタビューをしました。さんにきいてみると、「体育のとび箱は、楽しい。」と言っていました。今は、頭はねとびを練習しているそうです。がんばってほしいですね。「体育のとび箱は、楽しい。」と言っている人が、とても多かったです。とび箱が苦手な人も、好きになってほしいですね。

迎え入れたよ「ヘチマ」
足代小学校の学級園にヘチマを植えました。どんどん育って、大きくなってほしいです。最後は、採って持ち帰りたいですね。ヘチマができる日が楽しみです。

好きなドラマランキング

３位	２位	１位
元彼の遺言書 ミステリと言う勿れ	金田一少年の事件簿	悪女
１票	２票	６票

この様な結果でした！

記者からの一言
これからも体育のとび箱をがんばりたいです。
これからも友達にやさしくしたいです。
これからもヘチマの水やりをして、大きくなってほしいです。

すてきな足代小学校
五月三十日、四年一組のクラスの友達に学校の良いところについてアンケートをしました。校長先生と教頭先生には、学校の良いところについてインタビューをしました。校長先生に聞いてみると、「上の学年の子が下の学年の子に優しいところ。」や「こまっている人がいたら助け合っているところ。」と言っていました。また、教頭先生にも聞いてみると、「みんながんばっているところ。」と言っていました。クラスの子にアンケートをしてみると、「友達と仲がいいところ。」といういう意見が多かったです。足代小学校は、改めて良い学校だと思いました。

記事ごとに、見出しの色を変えて、くふうしているね。

学級園に植えたヘチマのことを写真といっしょに紹介しているよ。

クラスの友だちや、３年生にインタビューをしていて、みんなの気持ちが伝わってくるね。

学校のよいところを調べるために、クラスの友だちへアンケートをとったり、校長先生と教頭先生へのインタビューをしたりしているよ。よい記事だね。みんなの意見を上手にまとめているね。

体育の授業の様子を写真といっしょに紹介していて、わかりやすいね。写真も、ちょうどとんでいるところをとれていて、上手だね！

四つ葉新聞

発行日 二〇二二年六月三日
発行者 発行者名

ぴょんぴょん跳び箱
五月になって体育の時間に跳び箱の学習をしています。みんなが楽しそうに跳び箱をしています。僕もやってみたところ、とても楽しかったです。いろいろな跳び方をしていました。なかには、すごいわざをしている人もいました。ぼくも、いろいろなわざができるようにがんばりたいです。

コロコロガーレ
図工の時間に「コロコロガーレ」をしました。四年生に、エ夫したところや楽しかったところをインタビューしてみると、「練習が楽しい。」と言っていました。運動会ではを上手に作ることができた。「絵を描くことが楽しい。」と言っている人が多かった。ぼくのインタビューしたところは、「坂を上手に作るところ。」どんなししまいがいいときくと、「かっこいいししまいがしたい。」という意見が続々出てきました。三年生のみんな、一緒に頑張ろう!!

ひきついできたししまい
～ししまい二〇二二～
足代小学校の三十一年続いてきた伝統のししまい。今年は、僕たちと、三年生がししまいを引きつぎます。毎年、四月から総合の時間に練習をしています。僕が、三年生にインタビューをしてみると、「ししまいは楽しい。」と言っていました。「練習が楽しい。」と言っている人が多かった。一番人気があったのは、「ふえおに」でした。みなさんは、どの遊びが好きですか。

好きな遊びランキング
足代小学校の四年生に、好きな遊びのアンケートをとりました。

１位	ふえおに
２位	おにごっこ
３位	その他

記者からの一言
運動会に向けてししまいも頑張りましょう。
四つ葉新聞をゆっくりとお読みください。
コロコロガーレは上手に作れていてよかったです。
跳び箱もいろいろなわざができるようにがんばりましょう。

フジの㊙新聞

発行日
10月27日

発行者名

本当に安心安全なのか？

見奈良のフジでは、朝4時に工場で切ったばかりの食材をはこんで、よにくわけていないかくにんしてるそうです。
また、食品を守るために、お店のうらがわの大きな出入口には、食材に虫が入らないようにおもくて黄色いカーテンがありました。

国産は何で多いの！?

わたしが、見学して分かったことやよく見つけた工夫は、お客さんが安心して食べられるように、国産の物を多く仕入れているところです。
授業のアンケートでも、お家の人たちは国産の物を買いたいという意見が多くありました。みんなのねがいにこたえするように工夫しているそうです。

休けい場所にはどんな工夫が！?

私が、見学をして見つけた工夫は休けい場所のことです。お客さんがつかれた時中や終業の時に休けいする所です。休けい場所をつくっていました。
また、お客さんが入ってすぐにごみをすてられるように、入り口の近くにごみ箱をつくる工夫をしています。こうすることで買い物ももっと、しやすくなります。

何で手ぶくろをしているの！?

ぼくが見奈良フジで、働いている人が手ぶくろをしている工夫を見つけました。
調理するところでは、ばい菌が入らないように手ぶくろが着けていないとマスクをしていました。なぜ手ぶくろをしているのかというと、コロナ対さくもしたいと、手ぶくろの商品に入る可のう性があるからだそうです。このようにして商品の安心安全を守っていました。

まとめ

名前＿＿＿
僕は、フジの見学でふだんは見れないようこを見ることができたのでよかったです。次は、マイナス18度だときいておどろきました。見学することができたのでよかったです。

名前＿＿＿
私は、フジの見学でたくさんの工夫が知れました。ふだんは見れない、食材を切っているところも見れたし、パックヤードの工夫も知れたのでよかったです。

名前＿＿＿
私が、フジの見学で安心安全にお客さんが、買い物をできるような工夫をしていました。食材をラップをしてパックヤードで、食材をラップしてつんでいる所を見つけました。商品のいろいろな工夫が見つけられたのでよかったです。

名前＿＿＿
私が、フジの見学で見つけた工夫は季節にあった食べ物を見つけたことです。お店のいろんな工夫が見つけられたのでよかったです。

スーパーマーケットのひみつ新聞

発行日
Ｒ4.10月31日
北吉井小学校
３年松組新聞社

発行者名

きれいにすると…

みなさんは、スーパーマーケットではたらく人は毎日きれいにそうじをしているのを知っていますか？
わたしたちがお店に行ったとき、そうじをする係の人がいました。きれいにしてくれていたからなんですね！
いつもきれいに買い物ができるように、きれいにそうじをしています。ゆかのみがきをしてくれているところでそうじをしているのはお客さんのことを考えているのです。

そうじをするきかい

きせつによってかわるんです

きせつによって商品がかわっているのを知っていますか？
例えば、おはぎは秋に合わせて出しているそうです。これは、きせつに合わせているのです。
寒くなったらスープやあたたかいものが多く売っているのです。ハロウィンのおかしもたくさん売っています。こんなにいろいろかわっているとはおどろきました。スーパーマーケットのくふうだと考えているのです。

ハロウィンのかざりつけ（10月）

魚、さばきます！

みなさんはスーパーで、魚を代わりにさばいてくれるサービスがあるのを知っていますか？実は魚売り場には調理加工サービスをしょうかいする紙がありました。このサービスは魚をさばいてくれることですごいと思いました。魚をさばくようになりたいと思いました。

調理加工サービスをしょうかいする紙

ネットでも見れるよ

みなさんはお店の入り口にチラシがかざっているのを知っていますか？これは、おすすめの商品や、チラシをのせているためにあるのです。おすすめの商品や安売りの商品を見つけてお客さんに来たい人のためにのせているのです。チラシはネットでも見ることができます。お客さんのためにチラシをネットでも見ることができる工夫をしてくれているんだなと気づきました。

入口に貼っているチラシ

まとめ

お客さんがほしくなるような商品がたくさんあって、すごいなと思います。スーパーの人は、いろいろ工夫しているなと思いました。お客さんが毎日楽しく買い物できるように、たくさん工夫をしていたのですごいなと思いました。これからもすごいところを見つけたいです。

全ぜんスーパーのことを知らなかったけど、見学に行ったらいろいろな工夫を見つけられたにしろ。スーパーマーケットでは商品のために工夫するなんてすごいと思いました。仕事をしながら工夫するなんてすごいです。みならうならフジです。

お客さんがおいしそう、これはべんりだなと思うような工夫をして、お客さんの人もお客さんもえ顔になっていろいろ工夫しているなとわたしは思いました。

お客さんがおいしそう、これはべんりだなと思うようにしていました。それと魚をさばくのためにさばいていない日は店いんがさばいていました。他にも、お客さんがけがをしないようにしていてすごいなと思いました。食品を半分に切ってお客さんが食べやすいようにしていました。スーパーの人もお客さんも工夫するんだなとわたしは思いました。

（コメント）
商品をよく観察したから、国産のものが多いことに気づいたんだね。授業のアンケートの結果もとり入れて、よい記事になっているね！

見出しが、問いかけの形になっているから、何が書かれているかを知りたくて、記事を読みたくなるよね。

写真にキャプション（説明）がついているから、なんの写真かわかりやすいね。

写真がたくさん入っているから、お店の様子がよくわかるね。

上の記事の中に書ききれなかった「お店のくふう」を、まとめにもたくさん書いてあって、とても読みごたえがあるね。

海津市の防災対策について新聞にまとめたよ！

------- テーマ「海津市の防災」／5年生 -------

社会科で勉強した低い土地のくらしについて、さらにくわしく調べて、上手にまとめているね！

海津市防災新聞

令和4年6月
印西市立原山小
海津グループ

戦い続けてきた低い土地　海津市

海津市は、昔から木曽川、長良川、揖斐川の三つの大きな川に囲まれ、その間を小さな支川が編み目のように入り組むところにあった。しかも海面より低いので、洪水が起きやすい場所だった。長年、洪水になやまされてきた人々は、堤防を築き、村全体を輪のように囲んだ。この地域は輪中と呼ばれ、人々は力を合わせて水害からくらしを守ってきた。

「川の流れを変え、高い堤防をつくるなどの治水工事をくり返して水害に強い土地にしてきました」と海津市役所のAさんは話す。昔は、輪中が八十を超えるほどあったが、明治時代にオランダ人のヨハネス・デ・レーケによる治水工事で、三つの川が分流されるようになり、三十ほどに減った。これにより、水害の心配も減ってきたという。しかし、台風や大雨が来ると、輪中の中に大量の水がたまり、農作物に大きな被害が及ぶこともあったようだ。そこで、大型の排水ポンプで大きな川にくみ出すしくみをつくった。

「五台のポンプで二十五mプールの水を五秒で排水できる」ということで、水路も整備したそうだ。また、海津市では、市と市民が協力して水防訓練をしたり、水防倉庫に必要な資材を常備したりしている。

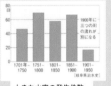

大きな水害の発生件数

1900年に三つの川の流れが別になる

1701年-1750／1751-1800／1801-1850／1851-1900／1901-1950
【岐阜県治水史】

排水機場のしくみ

ヨハネス・デ・レーケは、明治時代にオランダから招かれ、日本の治水工事にたくさんの業績を残した。入り組んでいた木曽川、長良川、揖斐川の流れを完全に分けてしまうということを提案して工事をすすめた。

ヨハネス・デ・レーケ

今も残る洪水からの避難場所

左の写真は水屋である。水害に備えて、石がきを高く組んで、水屋というものを建てていた。これは、洪水であぶないときに避難できるためにつくられたものだ。いざというときのために必要な食料や生活に用いるものをしまっていた。

今でも続く水害対策

海津市では、現在も水害がおこらないためにいろんな対策をしている。水害や地震などが起こったときにしっかり対応できるように「海津市地域防災計画」をつくり、いろいろな機関が協力して訓練を行っている。

また、高須輪中排水機場で、輪中の中を流れる大江川に集められた雨水を大きなポンプによって揖斐川に排水できることで、農業も安心してできるようになっている。この施設があることで、災害時にも必要な水害などを防ぐようになっている。さらに、水防倉庫などの施設もつくってある。水防倉庫には、俵、莚、縄、めぐり通、たこ槌、掛矢、鉄線、スコップ、カマ、のこぎり、まさかり、ペンチ、石筆、クリッパー、シノなどを納めている。

図6 海津市の用水路と排水路

編集後記

輪中に住む人々は、たくさんの人と協力して水害から生活を守るためにさまざまな工夫をしてきたことがわかりました。そのため、昔は水害がひんぱんにあったけど、今の海津市は水害があまりなくなり、安心して暮らせるようになっていると思います。これは、四年生の時に勉強した印旛沼の治水の取り組みと同じだなと思いました。

海津市では、防災訓練や防災倉庫などの工夫をして、土地の特色をいかした稲作や麦、大豆づくりをしたり、観光にも力を入れたりしています。いろんな人が力を合わせて安心してくらしやすいまちになるよう努力をしているんだな。

東京書籍「新しい社会5上」（令和4年発行）をもとに作成。

記事に書かれていることが一目でわかる見出しになっているね。名詞で終わるから、リズムもいいね。

記事ごとに色を分けていて、見やすくて、きれいな新聞になっているね。

記事を読むのに役立つ写真や地図を効果的に使っているね。

名古屋鉄道を好きな理由をまとめたよ！

テーマ「くらしと鉄道」／３年生／Ａ3

このふたつの新聞には、鉄道への愛がつまっているね！

新聞名を囲む線や、記事の間の線が、線路や電車の絵になっているよ！「鉄道の新聞」らしさが出ているね。

コラムには目立つ色を使って、メリハリのある紙面になっているね。

駅のこともくわしく調べていて、名古屋鉄道のおもしろさが、よくわかるね。

編集後記には、新聞をつくって感じたことが書かれているよ。このあとしたい活動も書かれているね。

僕の好きな名鉄

発行年月日
2021年8月31日
発行人

発行者名

名鉄とは

名鉄の正しい名前は名古屋鉄道です。結構"カオス"な名古屋駅を中心に豊橋、岐阜、犬山、セントレア、などに路線を伸ばしています。

名鉄は昔の愛知電気鉄道と名岐鉄道が、合併してできました。ぼくが名鉄電車を好きな理由は、『カオスな路線や駅』『独特なミュージックホーン』があるからです。

カオスな駅

名鉄の駅はカオスと言われています。この中では名鉄名古屋駅が有名です。

名古屋駅のホームは真ん中に普通のホームがぐ普通で面白い形をしています。

駅のホームは真ん中に普通のホームがあるのですが、少しの場所によって長さを確保するためにゆくゆくと曲がっています。そして行き先種別の乗車位置が違います。（普通は同じ）

ぼくの住んでいる豊橋駅の名鉄ホームしかありません。一面一線駅に入れる列車は一時間に6本と決まっています。快速特急・特急・急行以外の普通・急行・準急の駅までしかこれません。

西枇杷島駅は、最近までホームが狭く、幅は一番広いところで4メートルしかありませんでした。最近リニューアルされたそうです。

名車

パノラマカー

名車といえば、なんといっても7000系パノラマカーです。このパノラマカーはダンプカーを橋の真ん中あたりまで押したことからダンプキラーとも呼ばれています。

パノラマデラックス

これも外せないです。4人区分室があり、日本で初めての全面ハイデッカー構造で車内販売もされていました。

名鉄岐阜駅と、JRからの4番線につながる高架線の隣です。4つの単線線路が、ある区間は5、6区間に今は留置線に今は幻の路面電車線に乗り入れそれのホームでした。

名鉄の不思議

名鉄の新車輸送はなぜか遠回り。ルートは日本車両から出た名鉄の車両が豊橋に行ってそこからなぜかライバルのJR東海（隣のオレンジ）に入って名古屋臨海鉄道に入ってそれから名鉄の路線が入ったらいろいろな検査をしてデビュー次は逆に廃車輸送のルートを解説します。まず常滑線の大江に入ってそうします次に名電回築港で廃車解体をします

好きな名鉄電車ランキング

名前の

1 2000系 ミュースカイ
2 6000系 鉄仮面(9+10次車)
3 1200系 パノラマスーパー
4位 1800系
5位 3400系
6位 モ850形
7位 EL120形
8位 キハ8500系
9位 100系、200系
10位 300系

パノラマスーパー

パノラマスーパーは1988年4両の全車特別車としてデビューしました。その後パノラマスーパーは1991年に1200系と6両編成が可能になりました。2両編成の1800系を作り連結すれば8両運転にも活躍できるなかなかの優れものです。

ミュースカイ

名鉄の特急列車はミュースカイを思い浮かべる人が多いと思います。ミュースカイは空港アクセスのために2005年にデビューした2000系でぼくの一番好きな車両です。電気連結器を装備しているから2編成連結して8両編成することがあります。車体には傾斜装置を搭載しています。

編集後記

この新聞を作るにあたってこの本を見て、みんてつ図書館にろいろかかってしまいます。思っていたよりこころにかかって、かたい、調べかたいしいろいろ考えるつまったろ新興味をますにつながる。この、かみ、かてってた、たんとことやくなに作ったり、今度乗ったときは、いろいろ見てみたいと思います。りかことぼろ館をなった、ごこ思知参がついたまいろ写真を撮り

「私とみんてつ」小学生新聞コンクール（一般社団法人 日本民営鉄道協会主催）受賞作品

30

西武鉄道(せいぶてつどう)のおもしろさを報告(ほうこく)するよ！

テーマ「くらしと鉄道」／6年生／A3(エー)

西武線新聞

いろんな種類！いろんな色！？いろんなところに行けちゃう！

発行者
発行者名

発行日
令和3年8月

ぼくらの町の西武鉄道！

ぼくの町には、西武鉄道が走っています。西武鉄道は、西武新宿線や、西武多摩湖線、西武拝島線などがあり、西武遊園地や、西武秩父、などいろいろな遊園地や、西武新宿、池袋、西武秩父、などいろいろな場所まで、いろいろな種類、いろいろな色の電車が走っていて、とても便利です。Sトレインという電車に乗ると、なんと、元町・中華街まで行くことだって出来ちゃいます！

はいろいろな色の西武鉄道の写真です。上も下も西武鉄道の電車です。いろんな色の電車があって、どれもかっこいいです。まるで電車のまつりみたいです！たくさんの色があるので、楽しいです！

西武鉄道ロゴマークの意味

果実を模したデザインは、交流によって生まれる「実り」＝「地域・社会の発展」を表現しています。また、緑が「自然との調和」を、青色が「安心・安全信頼」を、水色が「新しいことへの挑戦」を、それぞれ象徴しているそうです。

この上にあるものが西武鉄道のロゴマークでいす。電車にもついていますよ！

🍊 西武鉄道

ぼくが選んだ西武鉄道の車両ベスト3

↑Laview
↑Sトレイン
↑52席の至福

1位 001系 Laview この電車の良いところは、とにかく窓が大きいこと！外の景色がすごく良く見えます！

2位 40000系 Sトレイン この40000系は、座席が、クロスシートとロングシートに転換させることが出来るところ！

3位 40000系 52席の至福 この40000系はシートに転換させること！旅しながら、おいしい料理が食べれるレストラン！旅する電車！

西武鉄道ぶらり途中下車の旅！

多摩川線とは・・・

だいたい、1つの鉄道会社が持っている路線はどれもつながっているのが普通です。中心になるような本線もいくつも枝線を張り巡らせるように便利なネットワークを構築するのが当然のことです。ところが西武鉄道には、そんな他の西武の線とつながっていない、ちょっと変わった路線があります。その名も西武多摩川線です。そんな多摩川線の近くには、JRの中央線武蔵境に接続している、白糸台駅からの大規模な車両基地があります。多摩川線で唯一鉄道の線とつながっているのは、武蔵境と接続しています。車両点検のさいに、武蔵野線新秋津駅の武蔵丘車両検修場へ移送するそうです。

→多摩川線の写真

編集後記

ぼくは、コロナウイルスの影響で、ぼくの大好きな西武鉄道の車両などが、ぼくの知らないうちに終息れてしまうなんて嫌だな～と思います。でも、最近、ぼくはコロナに乗っていませんが、電車にロゴマークなどがたくさんある西武鉄道の新聞をつくってしまうようにコロナが終息するようにと思いコロナに乗れるようになってほしいな～と思います。

コロナウイルス対策

窓を開けることにより、車内の空気は換気されているそうです。窓は5cm程度あいていて、そこからのドアからも入れ替わるそうです。特急は窓が5およびおよそのドアからの車内案内係員はフェイスシールドなどで車内換気されているそうです。安心安全、西武鉄道！

未来はこうなる！？ 連続立体交差事業

連続立体交差事業とは道路整備の一環として施行する事業だそうです。渋滞が解消するという高架下に保育園などができるという効果があります。

→東村山駅の写真↓

工事前

未来！？

総延長は約4.5km（新宿線・約2.3km、国分寺線・約1.40km・西武園線）で、解消される踏切数は5箇所（8km）です。

新聞名や見出しをきれいにかざりつけているから、目立っているよ。

線を入れたり、記事のまわりの色を変(か)えたりしているから、記事の区切りがわかりやすいね。

車両のランキングを色分けして紹介(しょうかい)しているよ。文章からは、その車両を選(えら)んだ理由(りゆう)が伝(つた)わってくるね。

記事のうしろに写真をうすく入れて、オリジナリティを出しているね！

駅の工事前の写真と未来(みらい)のイメージ図を入れて、くらべられるようにしているのが、おもしろいね！

「私とみんてつ」小学生新聞コンクール（一般社団法人 日本民営鉄道協会主催）受賞作品

仕事調べの かべ新聞をつくろう

みんなで

ジュンのクラスでは、グループごとに仕事調べをして、かべ新聞にまとめることになりました。どのようにまとめるか、見てみましょう。

 かべ新聞をつくってみよう!

かべ新聞は、かべにはり出して大勢に見てもらうための、大きな新聞です。

大きな1まいの紙を使ってつくるので、グループで手分けをしてつくることも多いです。

かべ新聞の例

ぼくたちのグループは、先生という仕事について調べることにしたんだ。

こんなふうに進めてみよう!

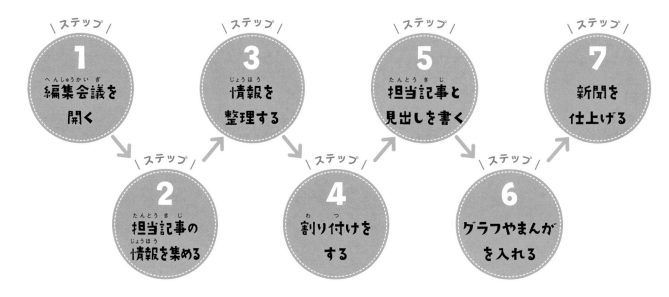

ステップ **1** 編集会議を開く

ステップ **2** 担当記事の情報を集める

ステップ **3** 情報を整理する

ステップ **4** 割り付けをする

ステップ **5** 担当記事と見出しを書く

ステップ **6** グラフやまんがを入れる

ステップ **7** 新聞を仕上げる

編集会議を開こう

まずは、いっしょにかべ新聞をつくるメンバーと、どのような新聞を、どうやってつくるのかを話し合いましょう。これを編集会議とよびます。

何をどうやって調べる？

「先生」という仕事について、何を知りたいのか、どうやって調べるのかを、具体的に話し合っておきましょう。

だれがどの記事を書く？

メンバーで役割を分担して進めると、うまくいきます。調べることが決まったら、だれがどの記事を担当するのかを決めましょう。

この本の終わりにあるひながたを、先生にコピーしてもらって使いましょう。同じページにある URL からは、パソコンやタブレットで使える PDF データのダウンロードもできます。

ジュンたちがつくった編集会議のメモ

編集会議メモ

5 年 1 組	小林ジュン・田山はるか・三村エマ

テーマ	先生の仕事

調べること・記事の内容	調べる方法	担当
・どんな仕事なのか	図書館の本 インタビュー	小林
・先生たちは、いつ先生になろうと思ったのか	アンケート	三村
・先生になるにはどうすればいいか	図書館の本 インターネット	田山

ステップアップ！ グループワーク、どうやればいいかな？

グループで話し合いをするときは、こんなことに気をつけましょう。

役割と時間を決めておこう

初めに司会、書記、時間を管理する人などの役割や、話し合う内容を決めておきます。話し合うそれぞれの内容にかける時間も決めておくとよいでしょう。

意見と理由はセットで伝えよう

意見を言うときは、そう考えた理由もきちんと伝えるようにしましょう。そうすると、議論が深まって、よい話し合いになります。

ほかの人の話をよく聞こう

ほかの人が発言しているときは、最後まで聞きましょう。おたがいに、相手の考えを聞き合うようにすると、みんなが意見を出しやすくなります。

調べて担当記事の情報を集めよう

本や資料で調べたり、アンケートをとったりして、記事にするための情報を集めましょう。ここでは、アンケートの取り方について説明します。

アンケートって何だろう？

アンケートは、多くの人に同じ質問をして、答えてもらう調査方法です。あるテーマについて、みんなの意見や状況を知りたいときに便利です。

アンケート用紙をつくるときのポイント

●聞きたいことをはっきりさせる

アンケートは、相手に時間をとって答えてもらうものです。答える人の負担にならないよう、新聞のテーマに合った質問にしぼりましょう。

●相手の答えを予想しながら、回答の選択肢をつくる

質問に対する回答の選択肢をつくるときは、相手がどんな答えをするかを予想して考えましょう。

パソコンやタブレットでアンケートをとろう

Google フォームなどを使って、インターネット上でもアンケートをとることができます。先生に相談して、チャレンジしてみてもいいですね。

先生たちにアンケートをとることにしたよ！

何に使うアンケートかを説明して、いつまでに答えてほしいかも相手に伝えるといいリンゴ！

ジュンたちがつくったアンケート用紙

先生の仕事についてのアンケート

5年　1　組　1ぱん　小林、田山、三村

① 先生になろうと思ったのは、いつですか。

1つ選んで、○をつけてください。

1　小学生のとき　2　中学生のとき　3　高校生のとき

4　大学生のとき　5　その他

② 先生になろうと思ったのは、どうしてですか。

理由を教えてください。

③ 先生の仕事をするために、努力していることや、くふうしていることはありますか。

ありがとうございました。

ステップ 3 情報を整理しよう

グループのみんなが調べてきたことを、ノートやカード（→９ページ）、ふせんにまとめて整理しましょう。ここでは、ふせんを使った整理法を紹介します。

ふせんを使って情報を整理しよう

それぞれが調べたことを、ひとつずつ、ふせんに書いてならべてみましょう。

全体を見わたして、いちばん伝えたい記事はどれか、グラフや図、写真を入れたほうがよいかどうか、つけ加えたい情報はあるかなどを、確かめましょう。

> どんな風に
> まとめれば、
> わかりやすいかな。

> 決まったことは、
> 赤ペンで
> 書いておこうよ。

ジュンたちがふせんで整理した例

① この２つをまとめてトップ記事にする。

> 先生の仕事
> ・いろいろな教科の授業を一人でする
> ・学校の行事の準備をする
> 　　運動会や校外授業
> ・クラブ活動の指導をする
> ・生徒たちの相談にのったり、様子に気を
> 　配ったりする
> 　　出典：「小学生のための仕事事典」（木の葉書店）
>
> 高橋先生にインタビュー
> ・たいへんなことは？→いろいろな授業の
> 　準備をすること
> ・よいところは？→みんなが授業を楽しそ
> 　うに聞いている時にやりがいを感じる
> ・ふだんやっていることは？→おもしろい
> 　授業のネタさがし

先生が登場する４コマまんがを入れる。

② アンケートをまとめてセカンド記事にする。

アンケートの結果
① 先生になろうと思ったのは、いつ？

> | 1位 中学生 | 4人 |
> |---|---|
> | 2位 小学生 | 3人 |
> | 3位 高校生 | 2人 |
> | 3位 大学生 | 2人 |
> | 5位 その他 | 1人 |

ぼうグラフで表す。

アンケートの結果
② 先生になろうと思った理由は？
・中学校の時にそんけいする先生に会った
・小学校の先生がそんけいできる人だった

③ サード記事。コラムにする。

小学校の先生になるには？
〔1〕教員養成課程のある大学や短期大学
　　　などで単位をとる
〔2〕小学校教諭免許をとる
〔3〕都道府県などの教員採用試験を受けて
　　　合格する
〔4〕小学校の先生になる

4 割り付けをしよう

どんな記事を入れるかが決まったら、割り付けをしましょう（→ 10 ページ）。かべ新聞は少しはなれたところから見ることが多いので、見出しなどの文字をできるだけ大きくします。

見出しが1列に並ばないように、たてにしたり横にしたりするといいよ！

この本の終わりにある割り付け用紙のひながたを、先生にコピーしてもらって使いましょう。43 ページにある URL からは、パソコンやタブレットで使える PDF データのダウンロードもできます。

ジュンたちの割り付け

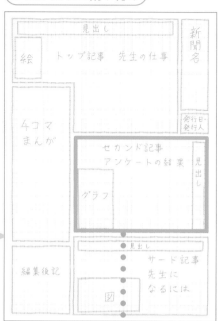

見出し
新聞名
絵
トップ記事　先生の仕事
発行日・発行人
4コマまんが
セカンド記事
アンケートの結果
見出し
グラフ
編集後記
見出し
サード記事
先生になるには
図

ステップ

5 担当記事と見出しを書こう

割り付けに合わせて、記事を下書きしましょう。記事の内容がわかるように見出しもつけます。

セカンド記事

見出し

先生になろうと思ったのは、いつですか？・それは、なぜですか？

5年生を数える先生たちと校長先生、教頭先生、保健室の先生に、先生になろうと思った時期と理由を聞きました。

先生になろうと思った時期は、中学生が一番多くて、その次が小学生でした。

先生になろうと思った理由は、「そんけいする先生に出会ったから」が一番多くて、次が「子どもが好きだから」でした。

先生たちが、みんな子どものときにしょう来の仕事を決めたとわかりました。

アンケートの結果を整理して書けたかな。

文章はなるべく短く

文章が長すぎると、読みづらくなります。ひとつの文章が長くなりすぎないようにしましょう。

文の終わりをそろえる

文の終わりは、「です・ます」か「だ・た」のどちらかにそろえて、まざらないようにします。

6 グラフやまんがを入れよう

文章のほかにグラフや図などが入っていると、新聞はもっと読みやすくなります。また、簡単なまんがを入れると楽しい新聞になりますね。

ぼうグラフをつくろう

数や量のちがいは、ぼうグラフにすると、一目でわかるようになります。

アンケートの結果を表にまとめて、それをもとにぼうグラフをつくりましょう。

アンケートの結果①
先生になろうと思った時期

1	小学生	3人
2	中学生	4人
3	高校生	2人
4	大学生	2人
5	その他	1人

グラフは、ます目のある紙を使うと、つくりやすいよ。

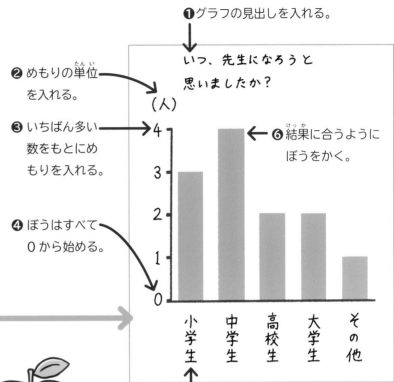

❶グラフの見出しを入れる。

いつ、先生になろうと思いましたか？

❷めもりの単位を入れる。

❸いちばん多い数をもとにめもりを入れる。

❹ぼうはすべて0から始める。

❻結果に合うようにぼうをかく。

❺横じくは、わかりやすい並び方を考える。数が多い順に並べてもよい。

4コマまんがをかこう

まんがが入っていると、新聞がさらに楽しいふんいきになります。ここでは、4コマまんがのかき方を紹介します。

4コマまんがのコツは、話の「起・承・転・結」を考えることです。「起」で話が始まり、「承」で話が少し進み、「転」で状況が変わるできごとが起こり、「結」でしめくくります。

これを4つのコマにあてはめていくと、読みごたえのある4コマまんがをかけます。

ジュンがかいた4コマまんがの下がき

← タイトルを入れます。

←「起」
登場人物や、状況をかきます。

←「承」
1コマ目の状況から話が進みます。

←「転」
思いがけないことが起こります。

←「結」
3コマ目を受けて、おもしろく終わります。

ステップ 7 みんなで新聞を仕上げよう

グループのメンバーそれぞれが書いた記事を
まとめて、かべ新聞を完成させましょう。

できあがり

> グループで調べたことが
> よく伝わるように、
> 読みやすくまとめよう！

みんなで校正をする

みんなで記事を読み合って、校正
（→ 14 ページ）をしましょう。
記事を書いた人とは別の人が読む
と、新たに気づくこともあります。

清書やかざりつけをする

ペンで清書します。新聞名や見出
し、記事の区切りなどをかざりま
しょう。使う色をグループで統一す
ると、読みやすくなります。

気をつけて！失敗あるある

記事の文字がうすくて、小
さかったから、すごく読みづ
らいかべ新聞になってしまっ
た……。
はなれたところからでも読
めるように、文字はなるべく
大きく、こく書くようにしな
くちゃね！ 鉛筆よりもサイ
ンペンなどを使ったほうが、
見やすくなるんだって。

新聞の紙面に変化をつ
けたくて、記事と記事
の区切りをまっすぐじゃなく
て、ガタガタさせてみたんだ。

がんばって４コマま
んがをかいてみたんだ。
おもしろくなったかな。

文字はできるだけこく、
大きく書いたんだ。こ
れなら、はなれたところから
でも読めるよね。

アンケートの結果をぼ
うグラフにしたよ。こ
れなら、結果が一目りょうぜ
んだね。

編集後記には、グルー
プのみんなが先生とい
う仕事について調べた感想を
書いたんだ。だれの感想かわ
かるように名前を入れたよ。

先生になるために必要
なことを、流れがわか
るように矢印を使って図にし
てみたんだ。

小学校の先生の仕事とは!?

先生の仕事新聞

9月25日発行
5年1組3ぱん
小林ジュン・田山はるか
三村エマ

5年1組の高橋先生

小学校の先生の仕事は、勉強を教えることです。中学や高校や大学の先生とちがうところは、いろいろな教科の授業をひとりでやることです。

他にも運動会や校外授業の準備や、クラブ活動の指導、ぼくたちの話を聞くことなど、先生の仕事はたくさんあります。

高橋先生に、仕事について聞いてみました。「毎日、いろいろな授業があるので、その準備はちょっとたいへんです。でも、授業中、みんなが楽しそうにぼくの話を聞いてくれると、とてもうれしいし、やりがいを感じます。だから、ぼくはいろいろな教科の授業をもっとおもしろくするようなネタをいつもさがしています。それに、先生になろうと思った時期と理由を聞きました。

先生になろうと思った時期は、中学生が一番多くて、その次が小学生でした。先生になろうと思った理由は、「そんけいする先生に出会ったから」が一番多くて、次が「子どもが好きだから」でした。

高橋先生の授業はいつもおもしろいです。そのひみつは、ネタさがしとお笑い芸人さんにあることがわかりました。

テレビのお笑い芸人さんも参考にしていますというこ とでした。

わかったよ～!

さて
この問題がわかった人はいますか?

じゃあ、ゲンキくん

はい！はい！！

おっ

えっ
へん!!

ぜんぜんわからないということがわかりました。

わからないということがわかりました。

ぼくもどうしたらいいかわからないということがわかりました。

いつ、先生になろうと思いましたか？

| | 小学生 | 中学生 | 高校生 | 大学生 | その他 |

4
3
2
1

来の仕事を決めたとわかりました。先生たちが、みんな子どものときにしょう来の仕事を決めたとわかりました。

先生にアンケート

先生になろうと思ったのは、いつですか？

5年生を教える先生たちと校長先生、教頭先生、保健室の先生に、先生になろうと思った時期と理由を聞きました。

小学校の先生になる方法を図書館で調べました。必要なのは、小学校教諭免許と、教員採用試験で合格することでした。

学校の先生になるには、どうすればいいの？

小学校教諭免許をとるには、先生になるための大学で、先生になるための勉強をする必要があります。その後、教育採用試験を受けて合格したら、小学校の先生になれます。

出典「小学生のための仕事事典」(木の葉書店)

小学校の先生 ← 教員採用試験 ← 大学・短期大学 ← 高校 ← 中学校 ← 小学校

先生になるまで

編集後記

★中学や高校は科目によって先生がちがうと初めて知りました。全部教える小学校の先生はすごいと思います。(小林)

★わたしも、しょう来は先生になりたいです。だから、先生になる方法がわかってよかったです。(田山)

★先生の仕事のことを調べておもしろかったです。ほかの仕事のことも、いろいろ調べたいと思いました。(三村)

地域（ちいき）でとれる野菜（やさい）について 新聞にまとめたよ！

テーマ「じゃがいもについて」／3・4年生／模造紙（もぞうし）

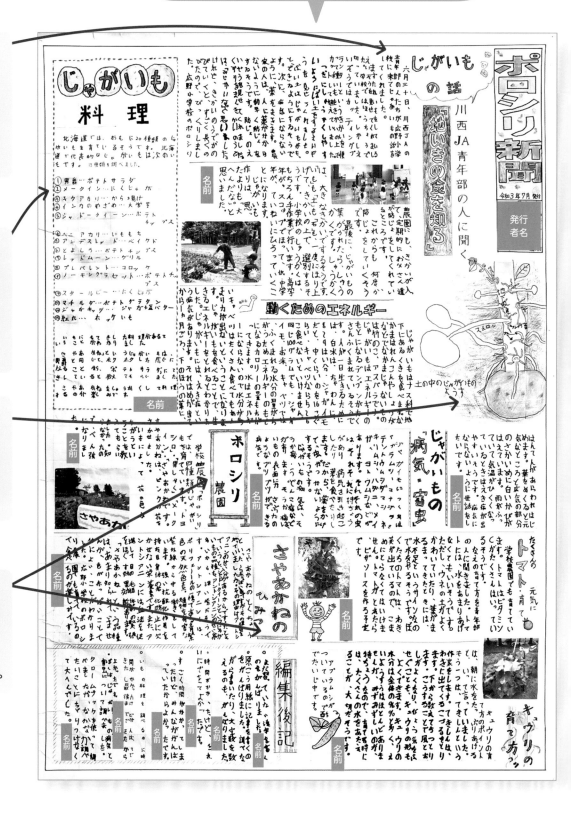

じゃがいもを調べることにしたきっかけと、わかったことを、ていねいにわかりやすく説明（せつめい）しているね。

じゃがいもの種類（しゅるい）や、それぞれに合う料理（りょうり）をくわしく調べていて、役立つコラムになっているね。

土の中のじゃがいもがどのようになっているかを、絵で細かくあらわしているね。

ひとつひとつの見出しのまわりを工夫（くふう）してかざりつけていて、楽しい新聞になっているね。

修学旅行で調べたことを新聞にまとめたよ！

テーマ「修学旅行」／6年生／模造紙

どちらも、グループでつくった、かべ新聞だよ。みんなで話し合っておもしろい新聞をつくったね！

修学旅行で行った場所に合わせて、見出しのまわりにかわいい絵をかいているね。

見出しを入れる場所もくふうして、大きく書いてあるから、とても見やすいね。

有珠山の噴火についてわかったことを、具体的な数字を入れて、くわしく説明しているね。

ホテルや食事のことを記事にして、楽しかった修学旅行の様子がよく伝わってくるね。

コピーして使えるひながた

先生にコピーしてもらって使おう。
モノクロ印刷でも使えるよ！

➡7ページ（ステップ1）で使用する計画メモ

（　　　　）の計画メモ

年　　組

テーマ	
調べること・調べる方法	
伝える相手	

➡8ページ（ステップ2）で使用する見学メモ

（　　　　）の見学メモ

年　　組

月日	月　　日
場所	
わかったこと	
資料	あり　・　なし （　　　　）

→ 9ページ（ステップ3）で使用する情報整理カード

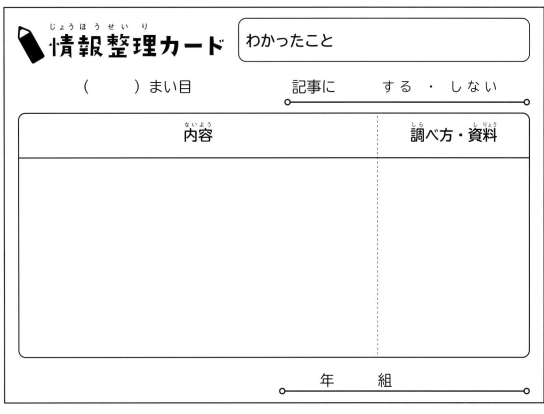

情報整理カード　わかったこと

（　　　）まい目　　　記事に　　する ・ しない

内容	調べ方・資料

年　　　組

→ 33ページ（ステップ1）で使用する編集会議メモ

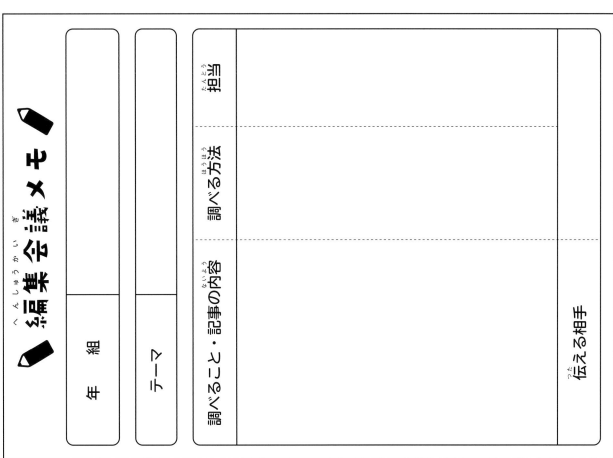

編集会議メモ

年　組

テーマ

調べること・記事の内容

調べる方法

担当

伝える相手

10〜15ページで使用した学習新聞用割り付け用紙

A4サイズの紙に、110％に拡大してコピーすると、ぴったり入ります。

さくいん

この本で紹介した作例一覧
（しょうかい）（さくれい）（いちらん）

ページ	タイトル	テーマ	学年
16	豊臣秀吉新聞	豊臣秀吉	6年
17	やさしさ	車いす体験	5年
18	きずな　3の2	クラスのできごと	3年
19	スター新聞	クラスのできごと	4年
19	学習新聞	クラスのできごと	4年
27	仲よし新聞	クラスのできごと	4年
27	四つ葉新聞	クラスのできごと	4年
28	フジの㊙新聞	お店のくふう	3年
28	スーパーマーケットのひみつ新聞	お店のくふう	3年
29	海津市防災新聞	海津市の防災	5年
30	僕の好きな名鉄	くらしと鉄道	3年
31	いろんな種類！　いろんな色!? 西武線新聞	くらしと鉄道	6年
40	ポロシリ新聞	じゃがいもについて	3・4年
41	みんなの思い出　修学旅行	修学旅行	6年

監修 鎌田 和宏（かまた　かずひろ）

帝京大学教育学部初等教育学科教授。東京学芸大学附属世田谷小学校、筑波大学附属小学校の教諭を経て現職。専門分野は教育方法、社会科教育（生活科、総合的な学習の時間）、情報リテラシー教育。小学校社会科教科書の企画・執筆に関わる。著書に『小学校 新教科書 ここが変わった！社会　「主体的・対話的で深い学び」をめざす 新教科書の使い方』（日本標準）、『教室・学校図書館で育てる 小学生の情報リテラシー』、『入門　情報リテラシーを育てる授業づくり：教室・学校図書館・ネット空間を結んで』(少年写真新聞社) ほか。

装丁・本文デザイン：	倉科明敏（T. デザイン室）
表紙・本文イラスト：	めんたまんた
説明イラスト・図版：	はやみ かな、野田浩樹（303BOOKS）
編集制作 ：	常松心平、飯沼基子、伊田果奈（303BOOKS）
撮影 ：	水落直紀（303BOOKS）
校正 ：	鷗来堂
協力 ：	松本博幸（千葉県印西市立原山小学校校長）

写真・作品提供　：　愛媛県東温市立北吉井小学校　　　　北海道帯広市立西小学校
　　　　　　　　　　佐賀県嬉野市立吉田小学校　　　　　北海道帯広市立広野小学校
　　　　　　　　　　千葉県印西市立原山小学校　　　　　北海道中札内村立上札内小学校
　　　　　　　　　　東京都練馬区立大泉第六小学校　　　北海道十勝新聞教育研究会
　　　　　　　　　　徳島県東みよし町立足代小学校　　　毎日新聞社
　　　　　　　　　　日本民営鉄道協会　　　　　　　　　PIXTA
　　　　　　　　　　北海道音更町立駒場小学校

本書では 2023 年 1 月時点での情報に基づき、Microsoft Word についての解説を行っています。画面および操作手順の説明には、以下の環境を利用しています。・Microsoft Windows 10 Home Version 21H2
本書の発行後、Microsoft Windows 等がアップデートされた際、一部の機能や画面、手順が変更になる可能性があります。また、インターネット上のサービス画面や機能が予告なく変更される場合があります。あらかじめご了承ください。本書に掲載されている画面や手順は一例であり、すべての環境で同様に動作することを保証するものではありません。読者がお使いのパソコン環境、周辺機器などによって、紙面とは異なる画面、異なる手順となる場合があります。読者固有の環境についてのお問い合わせ、本書の発行後に変更されたアプリケーション、インターネットのサービス等についてのお問い合わせにはお答えできません。

手書きでもデジタルでも　まとめ・発表カンペキBOOK❶

新聞で伝えよう

発　　　行　　2023年4月　第1刷

監　　修　　鎌田和宏
発　行　者　　千葉 均
編　　集　　片岡陽子、浦野由美子
発　行　所　　株式会社ポプラ社
　　　　　　　〒102-8519　東京都千代田区麹町4-2-6
　　　　　　　ホームページ　www.poplar.co.jp（ポプラ社）
　　　　　　　kodomottolab.poplar.co.jp
　　　　　　　（こどもっとラボ）
印刷・製本　　大日本印刷株式会社

©POPLAR Publishing Co.,Ltd. 2023　Printed in Japan
ISBN978-4-591-17626-9 / N.D.C. 375 / 47P / 29cm
P7236001

あそびをもっと。
まなびをもっと。

こどもっとラボ

手書きでも  デジタルでも

まとめ・発表 カンペキBOOK

全5巻

監修 **鎌田和宏**
帝京大学教育学部
初等教育学科教授

❶新聞で伝えよう

❷リーフレットやパンフレットで伝えよう

❸ポスターで伝えよう

❹地図や年表で伝えよう

❺プレゼンテーションで伝えよう

▶小学校中学年〜高学年向き
▶各47ページ A4変型判
▶N.D.C.375
▶オールカラー
▶図書館用特別堅牢製本図書